HUGO DE AZEVEDO

ENSAIO SOBRE A ESTUPIDEZ

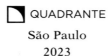

São Paulo
2023

Copyright © 2023 Hugo de Azevedo

Capa
Provazi Design

Dados Internacionais de Catalogação na Publicação (CIP)

Azevedo, Hugo
  Ensaio sobre a estupidez / Hugo de Azevedo — 1ª ed. — São Paulo: Quadrante, 2023.

  ISBN: 978-85-7465-534-5

  1. Catequese – Igreja Católica 2. Espiritualidade 3. Liberdade – Aspectos religiosos – Cristianismo 4. Pensamento religioso I. Título

CDD-261.72

Índice para catálogo sistemático:
1. Liberdade : Cristianismo 261.72

Todos os direitos reservados a
QUADRANTE EDITORA
Rua Bernardo da Veiga, 47 - Tel.: 3873-2270
CEP 01252-020 - São Paulo - SP
www.quadrante.com.br / atendimento@quadrante.com.br

SUMÁRIO

Apresentação	5
I. A estupidez	7
II. A excelente loucura	19
III. O desgoverno universal	25
IV. "Por que se perturbam as nações?"	33
V. A parábola da humanidade	47
VI. A parábola de Babel	57
VII. A esperança na ciência	63
VIII. A "felicidade"	71
IX. Considerações	79
X. Conclusão	87
Epílogo	91

APRESENTAÇÃO

Sossegue o leitor, se o título lhe sugere o clássico livro irônico — ou cínico — de crítica social. É o contrário: trata-se de uma sincera ação de graças pela estupidez humana, ao considerar as benditas palavras de Nosso Senhor Jesus Cristo na Cruz: "Pai, perdoa-lhes, porque não sabem o que fazem!"

Esta súplica de Nosso Senhor por quem O crucificava — e éramos todos nós, pecadores — é o cúmulo da misericórdia. Mas, vindas ao espírito espontaneamente quando da eclosão da bruta guerra da Ucrânia, soaram-me de repente como estranhas: "porque não sabem o que fazem"? Os que

O condenaram à morte e os algozes não sabiam o que faziam? E os governantes não sabiam o que significava a invasão? E nós, quando pecamos, não sabemos, pela consciência e pela fé, que "voltamos" a crucificar o nosso Salvador?

I. A ESTUPIDEZ

Não sabemos o que fazemos quando, livre e conscientemente, praticamos o mal?

Sim e não. Por exemplo: embora deflagrada conscientemente a guerra da Ucrânia, era impossível prever tudo o que isso custaria em termos de pessoas e bens, assim como na ordem internacional. Mas, por outro lado (e é esse o fulcro das seguintes considerações), só Deus sabe toda a gravidade e todas as consequências dos nossos pecados; do mesmo modo, aliás, também somos incapazes de imaginar todo o bem que fazemos quando fazemos o bem. Só Ele sabe.

Contudo, basta-nos uma experiência comum: um homem que comete um delito é punido; mas, se for uma criança, só é repreendida. Por quê? Porque o menino sabe que fez mal, mas não todo o mal que fez.

Note-se, porém, que grande parte dos conflitos bélicos provêm de autênticos loucos, irresponsáveis por definição. Quanto a esses, só a Psicologia tem a palavra, oxalá com diagnósticos cada vez mais precoces e melhores tratamentos.

Mas também faz parte da estupidez comum esta dificuldade de diagnosticar os promotores doentios da violência, respeitados em razão ou de sua autoridade política, ou de seu "gênio", ou de importantes feitos anteriores, ou de uma propaganda enganadora, com promessas de grandeza e bem-estar etc. Ou, ainda, de seu próprio poder pessoal de persuasão. Não deveria ser praxe obrigatória um atestado de saúde mental aos candidatos a postos de governo?

De todo modo, todos nós chegamos a ser atraídos e traídos por exacerbadas aclamações coletivas, por *slogans* sugestivos, pelo peso de reais ou falsas "maiorias", e até a promover a guerra por mera rotina, como lemos num livro da Sagrada Escritura: "No tempo em que os reis saem para fazer guerra..." (2 Sm, 11, 1). Às vezes rebentam conflitos sangrentos simplesmente... porque "é preciso" dar ocupação e treinar os militares, ou experimentar novas armas!

Realmente, não nos falta experiência histórica da cegueira humana. Recordemos, por exemplo, aquele grande avanço civilizacional que foi o de escravizar os inimigos vencidos, em vez de matá-los e talvez comê-los! Poupar-lhes a vida e dar-lhes trabalho não foi inteligente, e melhor? Mas quando a escravidão se converteu em "escravatura", em estrato "normal" das sociedades, tornou-se um crime horrendo — a que nos habituamos durante séculos! Tal como hoje nos parece justíssima essa penalidade horrível de enjaular um homem por longos anos, ou por toda a vida! Como aceitamos isto? Pura e simplesmente, porque ainda não descobrimos melhor solução para punir e defender-nos da criminalidade! Ou que se considere normal e justo que cada país disponha de armas terríveis! E cada vez mais horríveis, pois, como dizia Chesterton, toda a arte da guerra consiste em produzir uma couraça que resista à bala e uma bala que trespasse a couraça. Por quê? Porque ainda não conseguimos um autêntico e forte governo mundial. Ou seja, por estupidez geral.

Mas Nosso Senhor não se referia diretamente a esses "atrasos" civilizacionais, que continuarão a verificar-se até ao fim do mundo. São "negócios" miúdos em comparação com a nossa eternidade feliz ou infernal. Referia-se ao pecado em si mesmo, à ofensa a Deus, ao repúdio consciente e voluntário do Seu amor e, por consequência, da felicidade eterna.

"Pai, perdoa-lhes, porque não sabem o que fazem!"

Que doces, paternais, maternais, benditas palavras de Jesus Cristo na Cruz! Sabemos que fazemos mal, mas não nos inteiramos de toda a sua gravidade, nem do destino horrível que nos esperaria se não houvesse perdão. Sabemos, mas tantas vezes sem discernir claramente as suas consequências, e nem sequer as nossas próprias intenções: "Chegará um tempo", avisa-nos, em que "vos hão de matar, julgando prestarem nisso um serviço a Deus" (Jo 16, 2)! E ao contrário: somos capazes de cometer nós os maiores crimes com "ótimas" intenções (basta pensar no chamado "direito" ao aborto ou à eutanásia) e somos capazes de fazer o bem com intenções ruins. E assim também, graças a Deus, repita-se, não sabemos todo o bem que fazemos com as nossas boas ações.

Nosso Senhor quer e pode perdoar-nos: em primeiro lugar porque nos ama, e nós mesmos temos a experiência de como é bom perdoar a quem amamos; e porque, embora racionais, a nossa inteligência é insuficiente para dar resposta imediata e correta a todas as nossas interrogações, ou às necessidades teóricas e práticas, individuais e coletivas.

Aliás, a estupidez humana é uma evidência: quantos problemas já resolvemos definitivamente? Nenhum! Nem pessoais, nem sociais.

(Nem saberíamos o que fazer, se o conseguíssemos...)

Mas reparemos: somos estúpidos porque somos racionais. A estupidez é apanágio do homem. As pedras, as plantas, os animais, não são estúpidos: os minerais e vegetais seguem rigorosamente as suas leis; e os animais cumprem exatamente o que lhes convém de imediato, sem consciência sequer de serem o que são. Os animais mais "evoluídos" (como agora se diz) são capazes de adquirir hábitos que nos são úteis ou agradáveis, por repetição de gestos, pelas imagens captadas por eles ou por domesticação, mas ninguém os leva aos tribunais quando nos ferem ou se maltratam uns aos outros. Quando muito, e agora cada vez mais, castigam-se os donos.

E, no polo oposto, encontramos os anjos, criaturas de natureza tão superior à nossa, muitos dos quais repudiaram o Criador — e não foram desculpados. Espíritos puros, de conhecimento intuitivo, perfeito, imediato, completo em tudo o que lhes diz respeito, não puderam ser perdoados: sabiam plenamente o mal que faziam. Não tiveram desculpa, nem aceitariam perdão. Não gozavam do nosso "privilégio" da estupidez!

A diferença entre a natureza angélica e a nossa é sabida: os seus conhecimentos e resoluções não exigem esforço intelectual, experiência, educação, memorização, como precisamos nós; nem estão sujeitos ao esquecimento. E, por isso, o que preferiram determinou a sua sorte imediata: o Céu ou o inferno. Porque não eram estúpidos.

Bendita estupidez a nossa, que nos dá tempo à mudança, ao arrependimento e, daí, ao perdão!

O tempo! O tempo é um tesouro precioso de que os anjos, em toda a sua grandeza, não dispunham.

Talvez nos perguntemos como foi então possível que os anjos, tão superiores a nós em inteligência, fizessem tão "estúpida" opção. Voltemos atrás.

Por que nos criou Deus? Em primeiro lugar, a Deus não se aplica o "porquê". O "porquê" implica uma razão anterior e superior à decisão. A única pergunta que faz sentido na Criação, e em qualquer decisão divina, é o "para quê".

Para que nos criou? "Deus é Amor", diz o Apóstolo. (1 Jo 4, 16) Criou-nos para sermos amados, para O amarmos e nos amarmos uns aos outros.

A experiência que temos do amor é a sua gratuitidade e o seu significado: a livre entrega e o serviço de uma pessoa a outra, ou a muitas, ou a todas. E é possível medi-lo pela responsabilidade: se eu me sinto livremente responsável (na medida das minhas capacidades) pelo bem de outra pessoa, é porque a amo. Amor e responsabilidade são sinônimos neste caso. Se me desinteresso da felicidade alheia, deixo de amar*.

O que os anjos rebeldes rejeitaram foi a servidão. Se nós, humanos, tão

---

(*) Note-se: coisa diversa é ver-nos na impossibilidade de servir alguém que não o permite. Mas sempre o podemos fazer pela oração.

necessitados dos outros, bem como do pãozinho e do soninho diários, somos capazes de soberbas incríveis, como será a soberba de um anjo — cada um, uma só e completa natureza, e tão superior à nossa: puramente espiritual! "Não servirei!" (cf. Jer 2, 20) foi o seu grito de revolta. Rejeitando servir, rejeitaram o amor. Rejeitaram Deus. E Deus respeitou a sua vontade: a desgraça eterna, o inferno*.

O amor, essa relação de voluntário serviço, tem muito diferentes tonalidades: amor paternal, maternal, conjugal, filial, amical etc. Todos os amores da terra são "refrações" do amor divino, sem de longe o esgotarem**. Mas o que

---

(*) O que foi um ato de caridade: não de "vingança", que não cabe em Deus, ou de "indignação". Afinal, a presença de alguém odiado tornaria ainda mais amarga a condenação.

(**) Não vamos aqui desenvolver o critério para discernir a sua autenticidade; anotemos apenas que faz parte da nossa estupidez confundir amor autêntico com egoísmos afetivos, que são o seu revés e só se lhe parecem superficialmente.

caracteriza todos eles é esse sentido de responsabilidade pelo bem e felicidade de outrem.

Portanto, o amor é uma servidão, uma voluntária e feliz servidão que nos enriquece e dá sentido valioso e imediato à nossa vida. Nem sequer se perde pela falta de correspondência. Quando é verdadeiro amor, cresce ainda mais. Mas é sempre servidão. E só por ele chegamos a "compreender" que Deus, Amor infinito, Se faça homem ao nosso serviço, até morrer de amor por cada um de nós.

Não há nada de incongruente na voluntária aceitação da morte por Nosso Senhor Jesus Cristo, Verbo de Deus humanado, na Cruz, pelas suas criaturas: o que esperaríamos de um Amor infinito, senão um "Amor de Perdição?" É tudo o que há de mais maravilhoso, mas não contraditório. Só a nossa soberba e mesquinhez nos podem cegar a tal respeito e considerar fraqueza humana o que é uma qualidade divina.

Quanta necessidade de perdão, a nossa! "Pai, perdoa-nos!", porque somos estúpidos! Pois, o que é o pecado, senão a estupidez de preferir um bem imediato e breve a um bem maior, consistente... e eterno? Apenas uma droga, desejada e consumida, que nos embriaga e destrói.

II. A EXCELENTE LOUCURA

Repetindo: para que nos criou Deus? Para O amarmos e amar-nos uns aos outros nesta vida, participando da Sua natureza e depois, eternamente, da felicidade divina.

Não nos é possível imaginar como será essa felicidade, pois só conhecemos o que é temporal; contudo, temos a noção do contínuo, a intuição e o desejo da nossa permanência eterna. Todos nos projetamos, de algum modo, para além da morte, ainda que apenas como em "descanso eterno". Aliás, a vida terrena não teria sentido se não fosse uma etapa para a eternidade. Pois, se o corpo e a alma me pedem isso, se o anseio da eternidade pertence à minha natureza, é porque já em mim existe algo eterno: o espírito, ou alma, ou como lhe quisermos chamar.

Quem se ri da eternidade não é sincero consigo mesmo. Se não a deseja, é por não estar satisfeito consigo; ou por temer castigo dos seus pecados; ou por não conseguir imaginar uma felicidade sem obstáculos a vencer, ao contrário da nossa; ou por refinada soberba etc. Mas quem nega a eternidade é atraiçoado pelo seu gosto de ser louvado após a morte, ou por deixar "obra feita", ou inclusive por ser famigerado depois como um "gênio do mal". Mas que lhe interessa o futuro se, para ele, só existe o presente? Por amor à sociedade, aos filhos e netos ou aos amigos? Por quê? Se o fim é breve e total, para que sofrer? Mas, também, de que valem os gozos, de que vale o amor?

Nem reparamos que nos é muito mais fácil a noção de eternidade do que a de tempo!

Sim: a expectativa da eternidade está de tal modo enraizada em nós que nem nos damos conta de ser contraditórios quando a negamos. Mais um aspecto da nossa fraqueza de espírito.

Perdoa-nos, Pai!

"A humanidade é tão ávida de esperança, esta pobre humanidade (...), que prefere ter esperança no absurdo a desesperar. Quando rejeita as promessas de Deus, põe a esperança nos seus próprios sonhos. Prefere a loucura ao desespero", lamenta E. Hello.

Pois... não é tanto de lamentar essa loucura, notemos. É justamente o melhor sinal da nossa grandeza: somos imensos por dentro!

O homem é um ser "sagrado", que significa diferente, destacado, superior. Tão superior aos outros animais, que é capaz de os dominar. O que é o homem? Um mistério, um ser insaciável em todos os sentidos. Um ser que toma consciência de si mesmo e deseja ser tudo ao mesmo tempo. Um abismo de aspirações, imensas, absolutamente desproporcionadas à sua capacidade natural. Pois aí está a sua grandeza: um abismo de anseios sem fundo, uma sede e fome de infinito, apesar de se sentir limitadíssimo. Muitas vezes não se dá conta de que tem realmente fome e sede de Deus, mas pode verificar isso pelo fato de nada nem ninguém o satisfazer: em tudo e em todos vê defeitos, limitações...

Gostaria até de ser o próprio Deus! Haverá maior loucura? Pois não é loucura; é sabedoria. Justamente para nos unir a Si é que Deus nos criou, e em Cristo Se une efetivamente a cada um que O ame. "O que é o homem para que te lembres dele?", pergunta o salmista. "E, no entanto, fizeste-o semelhante aos anjos! Coroaste-o de nobreza e glória!" (Sl 8, 5-6). Se o Criador nos deu tais desejos, não o faria em vão: quer dar-nos tudo e mais do que aspiramos. Se fez do homem um abismo, foi para encher esse abismo, mergulhando-o em Si, fazendo-lhe viver a Sua própria Vida. Se é loucura, é uma loucura divina de amor.

Desde sempre o homem O procurou, sem descanso. Por vezes, muitas vezes, como diz Hello, é tal a sua fome de Deus que desiste, tenta fugir dessa aparente loucura, e acaba por fugir de si mesmo, e quer convencer-se de que é bicho, ou o inveja: "Gato que brincas na rua/ (...) invejo a sorte que é tua/ (...) Eu sinto-me e estou sem mim,/ e vejo-me e não sou eu" (Fernando Pessoa).

"Ó homem", exclama São Pedro Crisólogo, "por que te consideras tão vil, sendo tão honrado por Deus? (...) Por que perguntas de que és feito e não queres saber para que foste feito? Porventura todo este mundo que vês não foi feito para ser tua morada? (...) Mas o teu Criador pensou no modo de aumentar ainda mais a tua glória: gravou em ti a própria imagem." E mais do que isso: assumiu-a em Cristo. "Quis que nEle fosse uma realidade o que antes era apenas uma semelhança" (*Sermão* 148).

III. O DESGOVERNO UNIVERSAL

Falava tudo isto a propósito da guerra da Ucrânia: um disparate colossal! Mas só uma... das setenta guerras em curso nessa altura! E, todas juntas, por sua vez, são quase nada em comparação com a hecatombe das crianças assassinadas antes de nascerem: 150 milhões por ano, calcula-se! Mais de cem por minuto, a somar a todo o tipo de violências, que não têm conta, por este mundo afora...

Basta. O panorama da nossa estupidez não teria fim. É evidente. Afinal, o que é a História universal senão uma longuíssima história de guerras e revoluções, com interlúdios de paz, isto é, de estabilidade governamental de impérios e nações, mas sempre em tensão, e onde nunca cessam as violências pessoais? Visão pessimista? De certo modo. Também é certo que é cada vez maior o intercâmbio de bens técnicos e culturais e que, em geral, tem subido o nível de vida, e vai crescendo o empenho de uma verdadeira autoridade mundial. Isto é: o chamado "progresso" é uma capacidade cada vez maior do bem e o mal.

Notemos que o sonho de paz internacional é antigo, mas muito recente como objetivo possível de alcançar, e já foi experimentado em certas dimensões, como a União Europeia, e até na ordem mundial, como a Sociedade das Nações e, seguidamente, a ONU.

O caso da União Europeia é excecional, mas prova a real possibilidade de convivência pacífica de vários países limítrofes que se combateram durante séculos. Com 75 anos de paz, temos de reconhecer o seu êxito (nesse aspecto).

Já a ONU, nunca passou de um polo de encontro de governantes, e não uma união de países, mas já tem servido positivamente em alguns conflitos dispersos pelo mundo.

É da Doutrina Social da Igreja (cf. CIC 1911; GS 84, 52), e uma evidência para todos nós, a necessidade de um governo mundial, visto que, queiramos ou não, já constituímos uma unidade. De fato, já não existem nações propriamente "independentes", isoladas. As comunicações e as interdependências já são tão fortes e inevitáveis que nada acontece num país que não diga respeito imediato aos outros. Simplesmente, por enquanto, só é possível um centro de encontro dos governos nacionais, e cada um tem de manter forças militares para sua defesa. Ou ataque...

Aliás, um Governo mundial efetivo também nos assusta: como garantir a sua justiça e o respeito pelos direitos de cada região ou nação, e pelos direitos individuais, familiares e associativos? Como se tem verificado em grandes e pequenos países, poderiam subir ao poder universal defensores da uniformidade total de comportamentos, sujeitando a sociedade global a um regime policial, desumano...

Por ora, ainda é difícil imaginar um governo universal capaz de respeitar o caráter, a língua, os hábitos — numa palavra, os valores específicos — de cada nação ou região; pois o objetivo de um governo não consiste apenas na "tranquilidade pública", mas também na tutela dos valores específicos de cada cidadão e da sua pátria. São valores nacionais e pessoais sujeitos a mudanças, evidentemente, porque as verdadeiras culturas comunicam-se, influenciam-se umas às outras: positiva ou negativamente. Mas é justo e conveniente que cada uma — e cada pessoa — contribua para o bem comum com as suas especificidades em qualquer domínio.

Uma autoridade que buscasse acima de tudo a uniformidade — por razões econômicas ou de controle estatal — empobreceria o mundo em todos os aspectos. E já o experimentamos de vários modos: tanto a UE como a ONU são hoje centros de ONGs de todo tipo, que podem fazer muito bem ou obrigar os Estados a adotar programas sociais e educativos aberrantes, impondo uma linguagem insidiosa nas suas determinações e recomendações.

Tudo isto é apenas um exemplo (tantos mais podíamos apontar!) da nossa dificuldade em resolver sequer o mais básico problema de convívio entre as nações: a paz.

Essa dificuldade não significa necessariamente má vontade. Os governos têm de defender os seus países e seguir algum critério ético, isto é, alguma ideologia, para distinguir o bem do mal. Não podem limitar-se à economia, até porque os reais valores da economia não são quantificáveis. O que significa o lucro numa empresa quando os empregados vivem na miséria? Que significa uma alta na bolsa, se resulta de explorações injustas? O que é que se considera justo ou iníquo? Prioritário e secundário?

Cada país ou zona política depende, nesse aspecto, de diversas tradições morais; desaparecendo elas, se desagrega ou padece revoluções culturais que lhe retiram a primitiva ou anterior identidade... Para melhor ou pior.

A Igreja fornece excelentes critérios de justiça e paz, mas ela própria não pode — nem deve — governar nenhum país, por mais católico que ele seja. Já houve tempos em que a Europa cristã teve de recorrer à sua autoridade para a "boa" ordem europeia, mas com que resultados mais ou menos positivos, ou simplesmente lamentáveis! Não foi por mal; é que não havia nenhuma outra instância superior aos reinos e aos impérios. Coitada da Santa Sé, que teve de assumir também responsabilidades políticas e militares para impor o que não lhe competia!

(Ora aí está um mau exemplo, antigo, de um governo supranacional, embora conveniente naquela época!)

Outro exemplo, nada exemplar: o marxismo, a ideologia política universal mais experimentada, tão simplória e materialista, desumana, que, para ser aplicada, tinha de reduzir os cidadãos a bonecos de trapo. E assim o fez em vastas zonas do mundo, e ainda serve para dominar alguns países, apesar de os chefes nunca terem lido o *Capital*. É um pesadelo social, mas pretende responder a uma verdadeira necessidade.

A democracia não é propriamente uma ideologia; é um recurso técnico para se governar com diversas ideologias, variando com o peso relativo de cada uma. A moral cristã também se poderia considerar uma ideologia para esse efeito, mas não é assim, porque não lhe compete, como dizíamos, impor-se como tal — e até porque reconhece o direito de seguir qualquer outra religião e os seus valores éticos, desde que não colidam com os direitos humanos fundamentais. O que lhe cabe, além do apostolado, é esclarecer a consciência moral de toda a gente, desde os simples cidadãos aos governantes.

Vai longa a divagação, da qual só desejava concluir que somos naturalmente estúpidos: desde há milhares de anos que não conseguimos viver em paz!

"Ignorar que o homem tem uma natureza ferida, inclinada ao mal, dá lugar a graves erros no domínio da educação, da política, da ação social e da ética", avisa-nos o *Catecismo da Igreja Católica* (n. 407).

IV. "POR QUE SE PERTURBAM AS NAÇÕES?"

Esta convicção, aliás, é muito antiga. Já o salmista se interrogava: *Quare fremuerunt gentes et populi meditati sunt inania?* (Sl 2, 1). "Por que se perturbam as nações e os povos sonham coisas vãs?" Esta exclamação não é exclusiva do profeta, nem da sua época. Trata-se de uma interrogação que se repete em qualquer período histórico perante o comportamento paradoxal dos homens, os únicos seres inteligentes do mundo. Basta um olhar à História para ficarmos perplexos: violências sobre violências, problemas absurdos regulamentados por leis ainda mais absurdas, focos de sabedoria abafados pela insensatez geral etc. Seremos loucos?

Sim, estamos (meio) loucos. Desde o pecado original. Não no sentido psicológico, de irresponsabilidade mental e moral, mas no sentido da propensão para o erro; e não só pela nossa natural dificuldade em descobrir a verdade e o bem, mas também pelo desejo de justificarmos falsamente os nossos maus comportamentos.

Essa pergunta, repetida ao longo de milênios, torna-se por vezes ainda mais dramática: estaremos *mais* loucos do que nunca? Pensemos, por exemplo, no nosso tempo: é certo ou não é certo que jamais, como hoje, atingimos um grau de mortandades e crueldades nunca visto? É certo ou não que, até hoje, jamais se negaram evidências tão claras como a existência de verdadeiros seres humanos no seio das grávidas, ou a distinção dos sexos? Portanto, podemos afirmar que a violência e o erro nunca foram tão graves como atualmente — desde que acrescentemos que jamais, como hoje, a humanidade gozou de tanto bem-estar material e intelectual. Porque o nosso único progresso consistente é o aumento da capacidade científica e técnica de atingir os nossos objetivos, bons ou maus. O progresso moral, esse depende de outro tipo de fatores, descontínuos. Não é possível mensurá-lo, nem compará-lo.

Já Sêneca se perguntava qual a melhor atitude perante o espetáculo miserável da raça humana. "Quando vês como é rara a simplicidade e ignorada a inocência, e quase nunca encontras lealdade, exceto quando é útil; a quantidade de crimes de sucesso que presencias, assim como tantas coisas igualmente detestáveis (...) por luxúria, e como a ambição já perdeu limites (...) — tudo isto conduz a mente a uma escuridão que nos transtorna."

Como encarar este medonho panorama? Rindo, aconselha ele. "Temos de aprender a olhar para tantos males, não como odiosos, mas ridículos. Devemos imitar Demócrito, mais do que Heráclito. Porque, quando estavam em público, este chorava e o primeiro ria; o segundo considerava tudo misérias e o primeiro, loucuras. (...) É mais civilizado rir da vida do que lamentar-se. Além disso, lembra-te de que é mais útil à raça humana aquele que ri do que aquele que se aflige, porque um abre campo à esperança, enquanto o outro estupidamente lamenta coisas que não pode corrigir" (*De tranquilitate animi*, 15).

Et Dominus irridebit eos, diz o Salmo. "O Senhor rir-se-á deles." É a perfeita expressão de superioridade divina para com as pobres criaturas rebeldes, mas é um riso que abre as portas à esperança. Afinal, foi esta loucura que nos salvou: "Pai, perdoa-lhes, porque não sabem o que fazem!"

Tal não sucedeu com os anjos, como vimos. O seu conhecimento intuitivo, imediato, direto, da realidade não lhes consentia opção que não fosse definitiva: gratidão ou rebeldia. Mas o homem só conhece pelos sentidos... e "só tem cinco!", lamentava o meu saudoso amigo Fernando Lanhas. O nosso conhecimento é gradual, laborioso e sempre incompleto, sobretudo quanto às implicações lógicas das verdades adquiridas e quanto às consequências práticas das decisões tomadas; e, a partir do pecado original, a nossa inteligência está sujeita às mais diversas tentações — de preguiça, vaidade, medo, malevolência, gregarismo... Sabemos e não sabemos o que fazemos. Sabemos, mas não nos capacitamos perfeitamente de toda a bondade ou maldade das nossas decisões. Somos seres temporais; e por isso Nosso Senhor conta com o tempo. Somos seres sociais: a maior parte dos nossos conhecimentos depende dos outros, tão imperfeitos como nós. Também por isso Ele é paciente conosco.

Esta profunda ferida intelectual, própria da natureza decaída, devia efetivamente ser mais considerada. Nós próprios, cristãos, concentramos nossa atenção sobretudo no perdão do pecado e esquecemos facilmente a condição humana que o permite. Primeiro, pela fé é que veio a salvação da razão, a "Luz"; só depois a salvação da vontade. O querer é "posterior" ao conhecimento, certo ou errado. "A Luz brilhou nas trevas" (Jo 1, 4). Primeiro foi iluminada a nossa fraca luz natural da consciência; depois, também pela graça divina, foi fortalecida a nossa vontade. A Redenção diz respeito ao homem todo, inteligente e livre. Assim como a Santíssima Virgem gerou Cristo, primeiro no seu "coração", na sua consciência e vontade, e depois no seu seio — *fiat* —, também nós temos de aceitar primeiro a luz de Cristo na nossa inteligência e, depois, na vida.

Mas aonde queríamos chegar era em que "a Luz" veio às "trevas". Deus, a Verdade, desceu ao nível raso da "opinião": "Quem dizem os homens que Eu sou?" Deus consente em que discutamos a Sua presença entre nós! Inclusive a Sua existência! E quando os Apóstolos confessam: "Tu és o Cristo, o Filho de Deus vivo", nosso Senhor confirma-os, mas proíbe-os de dizer isso ao povo que ainda não pode aceitar a verdade toda.

Que sentido tem esta e tantas outras atitudes semelhantes de Jesus? Não é evidente que se trata, não só de humildade, mas de precaução? Ao contemplar a sua discretíssima Anunciação, o seu escondido Nascimento, a sua apressada fuga para o Egito, a obscuridade da vida de trabalho em Nazaré, a simplicidade com que se juntou aos pecadores nas margens do Jordão, a naturalidade com que lidou com amigos e inimigos, a docilidade com que se sujeitou a uma sentença iníqua e a uma morte afrontosa, bem como suas aparições de Ressuscitado apenas aos que O amavam, havemos de o explicar apenas pela sua extrema humildade, fruto do seu infinito amor? Não. Há manifestamente, em todo o proceder de Jesus, também uma extrema prudência. Porque é fácil salvar alguém quando ele próprio sabe que está perdido e deseja ser salvo, mas é muito mais difícil salvar um louco em risco de vida que nega a sua fraqueza e rejeita qualquer ajuda alheia. É muito mais necessária a prudência neste caso.

Ao entrar no mundo, Nosso Senhor entra numa espécie manicômio dirigido pelos próprios loucos. Conhece perfeitamente os riscos a que Se sujeita e que efetivamente Lhe sobrevêm. Mas também sabe que parte da rebeldia humana é devida à inconsciência ou à imperfeita consciência dos seus filhos: furiosos e mansos, uns que sabem que o são e outros que o não sabem, uns que querem tratar-se e outros que agridem quem os trata, uns por culpa sua e outros por culpa alheia, loucos rebeldes e loucos dóceis...

Tendo isto em conta, é mais fácil entender a atribulada história da Humanidade e a longanimidade divina e mais fácil a compaixão do próximo, especialmente se resiste ao Médico das almas. Todos são nossos companheiros de perdição e de salvação, todos são nossos irmãos em Cristo.

Mas por que será que tanto nos custa confessar esta fraqueza mental, se se vão sucedendo as gerações e se torna evidente que "da História se aprende que não se aprende nada da História"? Que voltamos a cair nos mesmos erros, que os problemas se repetem sem cessar e não conseguimos resolver nenhum definitivamente? É fracasso tão patente que parece impossível não o reconhecermos.

Também neste aspecto a soberba intervém: porque sentimos mais vergonha ao declarar-nos pouco inteligentes do que maus.

A fraqueza mental está habitualmente associada à imbecilidade; mas todos sabemos que há loucos inteligentíssimos. O imbecil é propenso a erros grosseiros; o inteligente, a erros brilhantes e até profundos. Há sistemas filosóficos errados do princípio ao fim, "ciência" de pura imaginação, "grande literatura" mórbida, maravilhosa técnica ao serviço do mal.

Em *Os crimes do bispo*, Van Dine faz uma interessante análise da mente do criminoso "matemático", cujas "especulações e cálculos tendem a fazer ressaltar a insignificância deste planeta e a nenhuma importância da vida humana. (...) Vive num reino onde o tempo, tal como nós o concebemos, não tem outro significado senão o de uma ficção do cérebro e se transforma numa quarta dimensão do espaço tridimensional, onde a distância só vale para os pontos vizinhos, posto que há um número infinito de caminhos, mais ou menos curtos, entre dois pontos dados. (...) Os conceitos matemáticos projetam o indivíduo fora de toda a realidade concreta numa pura ficção. (...) Silberdstein, por exemplo, concebe cinco e até seis dimensões especiais e especula com habilidade ser possível divisar um acontecimento antes de que ele se produza..." E assim vai.

Talvez Van Dine desse hoje outros exemplos, mas servem para ilustrar que esta propensão para o erro não equivale a falta de capacidade mental; precisamente pela nossa extraordinária capacidade de especulação é que somos tentados a colocar-nos no trono do Criador. Ou a esquecê-Lo, pelo menos. E perdemos o sentido da vida e do universo. Giramos ao redor de nós mesmos, embriagados: perdidos, entretidos e cada vez mais cegos, "como um *hamster* na roda da gaiola".

Muito sensatamente disse alguém, perante a obra de um famoso "pensador": "Se não me explica o sentido da morte e da dor, não me interessa!" De fato, quem não tem a elementar lucidez de procurar saber, acima de tudo, por que existe e para que existe perdeu o senso comum, ainda que faça girar a razão, mas reduzida à lógica formal. Bem respondeu a personagem doutra história policial ao amigo que lhe fazia a clássica interrogação existencial:

— Afinal, para que estamos aqui?
— Suponho que estamos aqui... a fim de saber para que estamos aqui.

Apprehendite disciplinam, aprendei a obedecer, aconselha o salmista. Disciplinai a inteligência, sede rigorosos desde o princípio com as vossas cogitações. Ao longo das nossas elucubrações, reconsideremos o que mais nos importa. Dizem do marechal Foch que interrompia de vez em quando as discussões do seu quartel-general para regressar ao cerne dos problemas em questão: *De quoi s'agit-il?* "Vejamos: de que é que estamos a tratar?" Reconheçamos a nossa tendência para o erro; vigiemos o nosso pensamento; contemos com a nossa dificuldade de formular inclusive as perguntas corretas; e deixemo-nos iluminar pela Verdade, que veio às nossas trevas para salvar a pobre inteligência humana e permitir que nos salve o corpo e a alma.

V. A PARÁBOLA DA HUMANIDADE

"Uma explicação completa dos mandamentos do Decálogo tornou-se necessária no estado de pecado, por causa do obscurecimento da lei da razão e do desvio da vontade", diz-nos ainda o Catecismo da Igreja Católica (n. 2071).

Mas o que foi que nos aconteceu? Por que fez Deus um ser tão ambicioso da sabedoria e da felicidade, e simultaneamente incapaz de resolver o problema fundamental da convivência pacífica?

Repetindo que o "porquê" não se pode aplicar a Deus, a Igreja explica: "Deus criou o homem imortal; foi por nossa culpa que a morte entrou no mundo" (cf. Sb 1, 13; 2, 24).

Resumindo o primeiro livro da Bíblia: Deus criou o mundo para o homem, mundo que o próprio homem devia "guardar e cultivar". Criou-o homem e mulher para que se multiplicasse. E colocou-o em condições excelentes: no Paraíso. Mas ele foi expulso.

Qual foi a sua culpa? A mesma dos anjos rebeldes — por instigação de um deles, provocando no homem a estúpida suspeita de que o Criador o estivera enganando para forçá-lo à servidão. Que não temesse a ameaça de morte em caso de desobediência! "Não morrerás", garantiu-lhe o demônio. (O mesmo que hoje mente para nós ao contrário: "Não viverás! Não viverás depois da morte. Nada do que faças tem importância. Goza o máximo possível! E, quando já não o puderes, acaba contigo!")

A parábola do bom samaritano, que é a parábola da caridade para com todos, mesmo os inimigos, porque todos somos irmãos, também pode servir para dar resposta à nossa curiosidade sobre a história da humanidade.

Um judeu, a caminho de casa, foi assaltado por bandidos, que o roubaram e deixaram meio morto na estrada. Por ali passou um samaritano, ancestral inimigo dos judeus, mas de bom coração, que se sacrificou para salvá-lo, tratou dele o melhor que pôde, carregou-o no seu burrico, levou-o até uma estalagem e responsabilizou-se pelas despesas que fossem precisas até o desgraçado homem recuperar a saúde.

O pobre judeu que foi assaltado e levado pelo bom samaritano à estalagem acorda em quarto desconhecido, dorido da cabeça aos pés, e só deseja um gole de água, reentrar na inconsciência do sono e lutar contra pesadelos. Onde está, não sabe; não sabe quem é; nem lhe interessa. Geme. E tenta mesmo defender-se do desconhecido que dele trata.

Quando convalesce, ouve a sua história. Não se lembra de nada. Só sabe que está fraco e pobre, e tenta em vão lembrar-se da sua terra e da família.

Dos nossos primórdios, que conhecemos? Apenas umas gravuras rudimentares, mas expressivas da luta pela sobrevivência do homem no meio de feras e antílopes; são desenhos que atestam inteligência, medo, comunicação, admiração — e senso histórico: o artista desejava fixar a sua experiência para as seguintes gerações.

O homem perdeu memória dos seus antepassados. A luta pela sobrevivência fez-lhe desaparecer o ontem. É hoje que ele tem de viver para chegar ao amanhã. O passado não lhe interessava; vivia de urgências e medos.

O nosso estalajadeiro é a Igreja, e ela explica-nos o que nos aconteceu. Os nossos primeiros pais viviam no Paraíso, mas deixaram-se iludir pelo demônio; acreditando mais numa criatura do que em Deus, desobedeceram aos avisos paternos do Criador e foram expulsos. O Paraíso converteu-se numa terra desconhecida e hostil. Nunca ninguém foi mais miserável do que eles, apesar dos primeiros auxílios divinos. A partir daí não há memórias certas, senão as que nos deixaram gerações muito posteriores.

Sim, todos sabemos das múltiplas "explicações" que aventaram povos sem conta, até o evolucionismo, que é agora a nossa "fé" e que nada explica: que salto geracional foi esse que fez passar o animal ao sujeito racional? Como é que um animal passou a "dar nome às coisas"? Como é que a matéria dá à luz a abstração? Que o homem corporalmente "descenda" do macaco tem a sua graça, mas não resolve a questão. E o pior é que, apesar de contarmos já milhares de anos, nunca pudemos verificar nenhuma "evolução"; a única coisa que vemos são parecenças.

Mas haja evolução, se nos agrada. Aliás, a Igreja nunca se lhe opôs; não passa de uma hipótese, até agora sem confirmação científica.

O certo é que a origem do homem se perde na escuridão do passado. Escorraçado do Paraíso, encontra-se a si mesmo lutando pela sobrevivência, numa terra sáfara e hostil. Mas, quando sobrevive e descansa, o mundo atrai-o, a curiosidade leva-o a conhecê-lo melhor, a distinguir o que mais lhe agrada do que mais o assusta; os que são seus iguais e os que são diferentes... Mas o seu principal sentimento continua a ser o medo.

De fato, as consequências do pecado original foram brutais.

Uma delas, além de todo o tipo de sofrimentos, foi a perda de memória e a confusão mental. Desde que nos conhecemos e distinguimos dos animais, tentamos compreender-nos, primeiro pela imaginação — nem dispúnhamos de outro método — e, pouco a pouco, pela razão ordenada, apurando uma linguagem coerente. Primeiro, fábulas; depois, sabedorias e, por fim, filosofias. E, simultaneamente, procuramos conhecer cada vez melhor o mundo físico em que estamos: descobrir suas regras, fazer experiências e formular ciências, mas corrigindo-nos continuamente, pois o mundo e a vida são um puzzle inesgotável.

Se não fosse o próprio estalajadeiro a explicar ao ferido, quando bastante recuperado, o que lhe acontecera, nunca ele saberia a origem da sua fraqueza. Se não fosse a Igreja a explicar-nos as nossas debilidades, só a lendas ridículas e confusas teríamos de recorrer. Há ainda dezenas delas registradas.

Só a Igreja é fiável, por ter recebido do próprio Criador a história do assalto demoníaco e suas consequências: uma delas, precisamente, a obnubilação do passado; outra, a falta de rigor mental. A partir de então, o homem precisa de muito esforço intelectual para adquirir e manter os seus conhecimentos e tê-los presentes à hora de atuar: necessita de aprendizagem, educação, estudo, atualização... E sempre sujeito intelectualmente a tentações de preguiça, pressa, vaidade, soberba, rebeldia etc.

De fato, com frequência, o enfermo quer sentir-se recuperado antes do tempo; acha que já está "em plena forma", que pode competir com qualquer outro; recusa remédios e expõe-se a novos perigos.

O assalto que sofremos no princípio foi gravíssimo, e graves foram as consequências. Sem remédios e cautelas espirituais, cada um de nós pode perder a vida, a vida eterna. E, antes disso, a lucidez mental.

Há um dito pagão: "Os deuses enlouquecem quem querem perder." Visão pagã, mas que registra um processo real: Deus morre de amor por quem quer salvar, mas os que recusam os mandatos paternos de Deus entram em confusão mental. Felizmente, sempre a tempo de voltarem à razão, pela graça e misericórdia divinas. Enquanto é tempo.

VI. A PARÁBOLA DE BABEL

Há outra parábola — essa, do Antigo Testamento — que se refere a um aspecto decisivo do nosso desentendimento: a de Babel, a torre inacabada por diferença de linguagens entre os construtores.

Na verdade, a palavra, esse instrumento humano indispensável ao pensamento e à comunicação, torna-se também obstáculo ao dividir-se e multiplicar-se em inúmeras línguas. Felizmente, em todas elas há conceitos equivalentes ou semelhantes: umas, de extraordinária riqueza e precisão conceitual; outras, muito pobres, rudimentares, mas sempre expressivas do que há de fundamental na vida.

Já no princípio o homem usou a palavra para tudo o que continua a exprimir, desde as suas experiências às suas interrogações. No princípio recorríamos sobretudo à imaginação para explicar o mundo e a história do homem — como, aliás, nos acontece ainda com frequência. (De quem procede a teoria da evolução, senão do avô de Darwin, que o entretinha com essa — sugestiva — história?)

A sabedoria consiste na recolha de experiências sobre a atitude a ser tomada nas várias circunstâncias da vida e da convivência, sem necessidade de uma articulação de conceitos que permita discurso coerente (mas reconhecendo sempre a existência de poderes e valores sobre-humanos). Com toda a razão.

Da sabedoria nasceu a filosofia, como exigência de rigor e maior profundidade no pensamento. Inseparável da lógica. Mas as suas conclusões, em vez da sabedoria, dependem da validade dos princípios, ou seja, das "evidências" de que parte o filósofo. Enfim, trata-se de um laborioso processo, que pode falhar desde o princípio e em qualquer momento, apesar da dialética, destinada ao apuramento da nossa intercomunicação. Donde resultam profundas verdades, mas também erros profundos. Aliás, estes costumam ser ainda mais profundos do que as verdades, até chegarem à escuridão total. Tão profundos, que atraem a admiração geral. Talvez porque seja custoso confessar que não os entendemos...

O perigo maior está nos chamados *grands-mots*, os grandes termos, ou termos "sagrados", como liberdade, amor, justiça, paz... Palavras incontornáveis (como é moda dizer-se) e centrais em quaisquer discursos de largo espectro; as mesmas em qualquer boca, mas com significados diferentes, e até opostos, em cada uma:

— O que entende por liberdade de educação? — perguntava o jornalista a um libertário de revolução.

— Evidentemente, libertar os filhos da influência dos pais!

Ideia "brilhante", que leva certos governos, empenhados em "educar para a liberdade", a proibir ou dificultar a liberdade de educação! Mais uma achega para estas considerações sobre o nosso tema.

Mas é assim que se perturba a dita comunicação, levando os próprios filólogos a duvidar da possibilidade de verdadeiro entendimento mútuo! E com razão, se pretendêssemos uma total transparência. O certo é que há quem não se conforme com o fatal desentendimento lógico e busque alternativas. Leia-se o seguinte episódio.

Coimbra. Ano de 1972 ou 1973. Agitação académica. "RGAs", Reuniões Gerais de Alunos, semana sim, semana não. Naquela "RGA" ninguém se entendia.

— Colegas! — procurava fazer-se ouvir o presidente da mesa. — Colegas! Isto é uma confusão! Daqui não sai nada! Vamos acabar com esta conversa estéril! Encerramos esta RGA e fica marcada outra para a semana...

— Ó colega, não concordo! — interrompe-o um jovem marxista-teresiano. — Eu acho que devemos continuar com esta conversa estéril, porque daqui há de sair alguma coisa de útil!

Pela primeira vez, silêncio geral.

— Ó colega... — Era a voz, quase tímida, do presidente. — Ó colega! Mas, se é o próprio colega a dizer que isto é uma conversa estéril!

— Ó colega, deixe a lógica! Hoje em dia pensa-se por aproximações cósmicas!

Mas que verdade! Cada um tem a sua "cosmologia", a sua própria visão do mundo e da vida, que vai se chocando com visões diferentes ou sendo atraída pelas semelhantes. Como se a verdade propriamente não existisse! As próprias filosofias divergiram tanto, e tornaram-se tão intrincadas, que já poucos confiam nelas... Segue-se a que estiver na moda, e acabou-se.

A súplica de perdão de Nosso Senhor na Cruz — "porque não sabem o que fazem" — inclui esta outra fraqueza da inteligência: não sabem o que fazem — e muitos desistem até de o saber!

VII. A ESPERANÇA NA CIÊNCIA

Voltemos a Coimbra, mas noutro ambiente, caseiro e repousante.

Verão. Tempo de férias. Fim de tarde no jardim de uma Residência universitária. Após o jantar, o pequeno número de residentes reza o Terço, exceto o Idê, um rapaz japonês que vem fazer o seu "ano social": um ano de viagens para cultura geral, entre o curso do liceu e a universidade. Algo sabe do cristianismo, porque, embora de família xintoísta, o irmão mais velho é católico. Mas o terço intriga-o; terminado ele, pergunta: "Que é... isso?"

Como lhe explicaria eu no seu reduzido léxico?

— Isto é: Maria, Maria, minha Mãe...

Ah, compreendeu imediatamente:

— Se... eu: minha noiva, minha noiva, minha noiva...

Exato! Era isso mesmo: "Minha Mãe, minha Mãe, minha amada!"

Olhava para o céu, onde começavam a espontar estrelas. Apontou:

— Cento quarenta oito planetas!

— Está querendo dizer que na nossa galáxia haverá uns 148 planetas?

— Isso. Outros homens... Outro pensar...

— Está dizendo que pode haver outra espécie de homens?

— Isso.

— Que pensem de maneira diferente da nossa?

— Isso. No futuro... a ciência.

Ah, meu Deus! Tão oriental, e com a mesmíssima problemática de tantos dos nossos jovens!

— Olha, Idê: a ciência é um balão que vai aumentando, aumentando, cada vez com mais conhecimentos...

e mais perguntas. A cada descoberta, surgem dez novas interrogações... Não, a ciência não te vai responder às mais importantes!

Ficou a pensar. E sorriu:

— Se Deus... existe, eu... muito contente!

Muito contente, por quê? Porque tudo cobra sentido e, sem Ele, nada se explica. Não se trata de uma simples necessidade filosófica, mas vital, existencial, prosaica, para o dia a dia, para o trabalho e o descanso, para o amor e a dor, para tudo. Para a vida e para a morte. E, em primeiro lugar, para a inteligência.

Vamos a outro caso: o de um professor universitário, inquieto desde muito jovem:

— Pai, Deus existe?

— Uns dizem que sim, outros que não...

Aquilo não era resposta! Mas nessa dúvida permaneceu por muitos anos.

Finalmente decidiu estudar o problema, lendo vários livros recomendados para isso. Nada! Até que um dia, fixando o olhar numa imagem de Nossa Senhora, murmurou interiormente:

— Tu és Mãe...

Pronto! Deus existe!

Que circuitos lógicos teria seguido até a descoberta? Nem ele sabia. Mas parece-me que foi o seguinte: "Tu és Mãe"; logo, isto é uma questão de família, não de matemática ou física, mas de simples e bendita lógica familiar. Deus é Amor. Deus criou-nos por amor, fez-se homem por amor, morreu por nós por amor, e até nos deu a Sua Mãe por amor. A nossa felicidade é o amor. Está tudo certo. Menos o pecado, que é uma falta de amor.

Em geral, os convertidos não sabem explicar o que lhes aconteceu. Mas costuma ser qualquer coisa muito simples: tentando compreender o *puzzle* da vida, e depois de experimentarem muitas peças, de repente há uma que lhes sugere o desenho total... e acertam! Pode ter sido um triângulo, uma nuvem, uma cabeça... Qualquer coisa! O resto é tão fácil, afinal!

E desatam a rir! E os que ainda procuram a solução dos seus *puzzles* e assistem àquela alegria não percebem o repentino felizardo!

De fato, sem essa descoberta do *puzzle* da vida e do universo, "não sabemos o que fazemos". Não conseguimos superar a nossa bendita estupidez, sempre insatisfeita consigo, graças a Deus.

Mas, já que estamos em maré de exemplos, voltemos à ciência, sem esquecer São Paulo: "A ciência incha!" (1 Cor 8). Referia-se ao gosto de saber mais do que os outros, o que, além de ridículo, nos leva a improvisar "certezas", que não temos.

Sirva de exemplo o diálogo ouvido de um casal de pouca instrução perante um "fenômeno nunca visto": na vitrine de uma farmácia da cidade, um grande aquário circular, onde um canário pipilava entre peixinhos exóticos nadando de um lado para o outro!

Primeira hipótese de explicação, a da mulher:

— Olha o que é a força da eletricidade!

Como nessa época os homens eram mais inteligentes do que as mulheres, o marido impôs a explicação definitiva:

— Ó sua tola! Não vê que o bicho respira da própria brisa do vidro?

Não se tinham apercebido de que o aquário se compunha de dois cilindros de vidro: o exterior com água e o interior sem ela, mas com poleiro de vidro também.

Não insinuo que a ciência, propriamente dita, tenha caído em erros tão grosseiros, justamente porque — se é verdadeira ciência — sabe que todas as descobertas continuam "cobertas" na sua origem — nas suas causas — e nos seus possíveis efeitos, o que faz do cientista um eterno insatisfeito. Ao descobrir a força da gravidade, Newton não podia contar com a curvatura do campo gravitacional descoberta por Einstein.

O pensamento sofre tantas limitações! Para quem só concebia a lei da gravidade tal qual Newton a formulou, à primeira vista qualquer outra hipótese era difícil de aceitar. Dizia Bergson que "o espírito humano é feito de tal maneira que só reconhece o que é novo depois de tentar tudo para o remeter ao antigo". Só quando esgota as comparações é capaz de admitir o que é novo e coerente.

Aplique-se isto à ciência, à arte, à religião, a qualquer disciplina intelectual, da filosofia à culinária (agora com a horripilante novidade dos insetos comestíveis!). Entretanto, enquanto não compreendemos, reconheçamos sobriamente que devemos suspender o juízo. Quantas vezes me vem à memória a honestidade intelectual de uma velha labrega!

Foi numa aldeia do Norte, pelos anos 1950. Ainda havia lá quem nunca tivesse visto cinema. Com uma maquineta de projetar, oferecemos essa oportunidade aos camponeses vizinhos.

— Então, gostou? — perguntamos a um deles.

— Ah, gostei muito!

E a outros. Também gostaram muito. E a uma simpática velhinha:

— E a senhora, também gostou?"

— Ó meu senhor, não sei! Não tenho com que comparar!

As pessoas mais inteligentes só se mantêm inteligentes quando reconhecem que também são estúpidas. O "senhor-sabe-tudo" é parvo, até reconhecer as suas ignorâncias.

VIII. A "FELICIDADE"

Uma das melhores provas desta nossa fraqueza é a busca da felicidade. Maior, só a convicção de ser feliz. De que felicidade falamos? O homem tem anseios infinitos e eternos, não só temporais. Não apenas deste mundo e deste tempo, mas de todos os mundos, de todos os tempos, da eternidade, do infinito, de Deus.

A que nos referimos quando falamos de felicidade neste mundo, neste tempo, nestas dimensões? Chegar à velhice rodeados de carinhos e com boa fama. Secundariamente, com êxitos profissionais e de benfeitorias, que nos deem a consolação de termos sido úteis.

Mas, ainda que tudo isso "nos corresse bem", quem pode isolar-se do sofrimento próprio e alheio? E dos perigos de todo gênero? E da morte?

A história do homenzinho que batia com um pau na cabeça "para sentir o fresquinho da dor a passar" é a história de todos nós: aqui, a nossa "felicidade" consiste em superar dificuldades, resolver problemas: conseguir trabalho, evitar doenças, pagar o que se deve, afastar perigos... Ah, sim, também o amor, mas nem sempre bem correspondido.

Aqui na terra, a única e verdadeira felicidade é que a nossa vida "valha a pena". E cá está a pena a fazer parte da nossa felicidade.

Só quando vemos a vida como um caminho certo para a felicidade é que se pode dizer que somos felizes; mas nunca é a felicidade propriamente dita; é a esperança de a alcançarmos na eternidade. Sem esse objetivo, trata-se de uma embriaguez, uma droga, uma perfeita estupidez, apenas.

Vale a pena melhorar as condições de trabalho, o acesso aos hospitais, à justiça (à nossa pobre justiça!) e à diversão, que quer dizer descanso; às artes, ao convívio e conhecimento dos outros, à cultura geral etc. Sim, todas essas "felicidades" são convenientes para uma agradável ou, pelo menos, suportável caminhada da nossa existência. E tal "felicidade" neste caminho da vida, afinal, pode acontecer a muitos, sãos e doentes, doutos e indoutos, ricos ou pobres, gênios ou correntios. Mas só é válida se for em direção à felicidade definitiva, autêntica, completa, perene. E para isso vale tudo: êxitos e insucessos, facilidades e dificuldades, apreços e desdéns etc.

E, já que usei parábolas para estas considerações, volto a Coimbra, com uma lembrança curiosa: a de um bondoso médico (nem conheço outros) que, além de me tratar bem, me ofereceu uma semente de "rosas de Santa Maria", uma planta histórica: recordação africana da viagem de Gil Eanes, após dobrar o Cabo Bojador em 1434.

Passados mais de cinco séculos, na época da minha consulta, essas "rosas" eram muito apreciadas pelas donas de casa: caindo as pétalas, ofereciam uns bolbos finos, delicados, quase transparentes, que permaneciam nas jarras quanto tempo se quisesse. Dentro do bolbo chocalhava uma linda semente negra, veludosa.

Foi uma semente dessas que me caiu em sorte. E que faço eu com ela, se, em matéria de vegetais, sou um nabo? Só uma coisa sabia; que a planta era trepadeira. Vaso com ela, pois, e uma caninha fina para o rebento se espreguiçar desde a nascença! O vaso ficou à janela do quarto, para que a semente não se queixasse de falta de luz solar.

Não sei quanto tempo passou sem ela dar sinal de si. Até que um dia — ó surpresa! — em vez do espigãozinho que eu esperava, surgiu um pequenino arco verde!

Confesso que fiquei desgostado quando me disseram que isso acontecia até aos feijões. Tinham razão: uma ponta do arco soltou-se, ergueu-se, e a trepadeira dobrou de tamanho! É agora que ela se vai enrodilhar na cana! Outra desilusão: a caninha não lhe interessava para nada: subia ela sozinha, por sua conta, e a uma velocidade incrível! E veio a catástrofe: não aguentou a subida solitária e caiu, esgotada, aos pés da cana, serpenteando na horizontal térrea, sem rumo certo... até tocar no pé da paciente cana, à sua espera. E então foi aquele abraço! Um abraço e outro e outro, subindo agora com toda a segurança e satisfação!

Donde concluí que não era trepadeira por gosto, mas por necessidade.

A parábola continua, mas, para já, o paralelismo: somos feitos para Deus, mas tentamos crescer só por nossa conta. Aí, a estupidez. Subimos até não podermos mais, e acabamos pegados à terrinha, serpenteando ao acaso... Até descobrirmos o que somos: somos trepadores! Sem Ele nada tem sentido! Não é vida! E Ele à nossa espera!

E subiu tanto a roseira que foi preciso levá-la para o jardim, ao vento e à chuva, coitada, junto de uma cana mais alta, que ela abraçou rapidamente. E cada vez em círculos mais apertados, para se defender da ventania... Imagem da santificação: cada vez mais unidos a Deus, nosso fim e nosso apoio.

Felicidade? Para já, consiste em fazer o bem, ou seja, cumprir os mandatos gerais e a vontade de Deus, bem como suas contínuas sugestões para cada um de nós — na família, no trabalho profissional, na sociedade; em perdoar a todos e pedir perdão, até do pouco bem que fazemos; e em morrer em graça. A felicidade é depois.

Falar de felicidade, aqui, no tempo, é simplesmente ridículo. Sem pensar na eternidade, uma estupidez.

IX. CONSIDERAÇÕES

Se não fôssemos estúpidos, que razão daríamos dos nossos desentendimentos? E tantos são: políticos, familiares, profissionais! E que significa exatamente falta de entendimento.

Vejamos: qual é a primeira expressão dos nossos antagonismos? A discussão. A discussão resulta de que um e outro se consideram "cheios de razão". E, das duas, uma: ou um deles está errado, ou ambos; ou falam de diferente assunto, ou estão usando conceitos equívocos, ou evocando fatos diferentes, sem se darem conta disso. Ou teimando no seu parecer por orgulho. Ou seguindo raciocínios diferentes para os mesmos ou diferentes objetivos...

E temos de reconhecer que nunca estamos "cheios de razão", mesmo quando estamos na razão, porque os nossos conceitos nunca esgotam a realidade.

Por exemplo: quando eu digo "Deus existe", estou dizendo uma verdade e cometendo um erro: o *ex*. "Existe" significaria que Deus procede de alguma causa; o que não faz sentido: "Deus é". Assim respondeu Deus a Moisés, quando Lhe perguntou o nome: "Eu sou O que sou."

O Ser incriado é "tão" infinitamente elevado que, em comparação, os seres criados "não são": "existem", é certo, mas como "seres participados". O nosso ser é um ser criado e sustentado continuamente pelo Criador. Não se sustenta a si mesmo.

O que significa, por sua vez, que tudo revela o amor divino, como que dizendo Deus continuamente à criatura: "É bom que existas!" Por isso, com todas as nossas limitações e defeitos —

e pecados! —, cada um de nós, por menos consideração que mereçamos, e por menos apreço que tenhamos por nós mesmos, podemos e devemos ouvir na alma essa divina expressão do Amor divino: "Amo-te tanto, que te criei à minha imagem, assumi a tua natureza e dei a minha vida humana por ti!"

Não posso esquecer o que uma menina americana, filha de um casal meu amigo, ouviu um dia na alma, sem compreender: "Tu vales o que deves!" Cada um vale o Sacrifício de Cristo na Cruz!

Voltando atrás: a discussão pode incidir sobre qualquer coisa: um fato, um parecer ou um projeto... Quanto aos fatos de alguma notabilidade, podemos hoje recorrer facilmente ao Google, o que já se tornou quase um vício — e um enfraquecimento da memória. Mas a vida está cheia de fatos comuns, sem registro, e cuja recordação desaparece facilmente ou se torna imprecisa.

É preciso contar com isso. Embora tenhamos razão, não sejamos muito assertivos, pois nunca esgotamos a verdade. Pode haver algum aspecto que nos passa inadvertido.

Um ditado antigo: "Quando um não quer, dois não brigam." O primeiro sinal da discussão é a repetição de argumentos. Basta isso para nos avisar da estupidez. Não havendo novos argumentos, não vale a pena continuar a conversa. Para essas circunstâncias usam os lordes da Câmara Alta uma resposta clássica: "Talvez Vossa Excelência tenha razão." E sentam-se.

Contudo, a discussão é necessária em muitos casos: por exemplo, em reunião de negócios de qualquer tipo de projetos, ou por qualquer problema de resposta urgente.

"Os problemas não se discutem; estudam-se", ouvi de um santo; e um corolário: habitualmente trata-se de pesar as vantagens e os inconvenientes da resposta a dar-lhes e preferir a menos inconveniente. Isto é: não tenhamos sempre a pretensão de "resolver", definitivamente, qualquer problema, pois nem todos se "resolvem"; trata-se apenas de minimizar o prejuízo que representam. Talvez seja possível tirar das fraquezas, força. Mas não é o mais frequente.

Contudo, a "discussão" nestes casos é necessária: mas para medir diferentes modos de encarar o problema, e não para saber quem "venceu".

Não somos infalíveis. Reconheçamos a nossa dificuldade, tão frequente, em dar a "única" resposta "certa e imediata" às dificuldades em qualquer domínio.

A propósito: faz parte da nossa estupidez pensar que a prudência é lenta. Mas quem é lento para salvar alguém de se afogar não é prudente; pelo contrário. Há problemas que exigem resposta rápida, a qual talvez poderá não ser a melhor, mas a única possível naquelas circunstâncias. Tudo tem o seu tempo.

Enfim, podíamos estender-nos em considerações deste tipo comum. Começamos, porém, por nos referir à guerra da Ucrânia e a tantas outras que ensombram o mundo, este mundo dividido em nações armadas, em blocos rivais, em sistemas políticos antitéticos, em confissões religiosas incompatíveis, em redes de informação e desinformação planetárias, movimentos populacionais desaustinados, ideologias agressivas e fortemente subsidiadas...

Só por má vontade? Não. É que, de fato, nem sempre sabemos como conviver em paz e com respeito mútuo. Não faltam tentativas sinceras, nem movimentos realmente interessados nesse objetivo; nem estudos sérios, teorias, hipóteses para esse fim. A dificuldade de convivermos em paz, em geral, não provém do gosto de fazer sofrer os outros. É que não sabemos mesmo harmonizar sempre os povos, nem os cidadãos entre si.

Que concluímos? Que não vale a pena esforçar-nos pela paz? De modo algum. Simplesmente, se partimos da convicção da exclusiva má vontade dos outros, isto não melhora. O diálogo, de que tanto se fala hoje, não passará de uma peça de teatro; a desconfiança mútua será o veneno de quaisquer diligências pacifistas; e tudo o que nos divide nos dividirá ainda mais.

Confiar, então, na boa vontade de todos? Não sejamos ingênuos!

Então... o quê? Reconhecer que todos somos — pelo menos — um pouco estúpidos. Que muitas vezes não sabemos o que fazer, ou nem sequer qual é o real problema. Só a partir daí começamos a procurar soluções e não vitórias. Abaixo os senhores sabem-tudo! Abaixo os diagnósticos completos! Abaixo as soluções perfeitas! Que cada um se ponha no lugar do outro e se esforce seriamente por compreendê-lo. Não para ceder no que não pode nem deve, mas para retirar, da sua parte, o que possa agravar o desacordo. Procuremos compreender efetivamente o "outro" e respeitar o que de justo possa haver nas suas pretensões.

Se querem roubar-me a carteira ou a pátria, defendo-me; mas isso não impede — pelo contrário, estimula-me — de compreender "o que há por atrás disso". Talvez acabemos por dar algum dinheiro ao ladrão faminto, que nos atacou; ou propor alguma compensação ao inimigo invejoso. E talvez aceitem ou não. Mas convém sempre colocar-nos na perspectiva do outro para tentar ajudá-lo a compreender-se a si mesmo. Às vezes, dá resultado.

A partir desse reconhecimento já podemos pensar com mais lucidez e não desanimar pelo fato de termos errado, nem exaltar-nos pela nossa inteligência quando acertamos. Tantas vezes foi apenas sorte!

X. CONCLUSÃO

A consciência das nossas limitações intelectuais ajuda-nos, paradoxalmente, a entender-nos: se dois "homens de negócios" (entre aspas, para incluir as mulheres) reconhecem as possíveis incertezas dos seus cálculos e estratégias, não discutirão; procurarão compreender as objeções um do outro; e certamente isso ajudará ambos a comporem um projeto mais fiável.

Se marido ou mulher aceitar, em princípio, as críticas do outro cônjuge, ainda que exageradas, e, em vez de as contestar imediatamente, der tempo a uma reflexão, admitirá pelo menos que ele ou ela está tocando um aspecto da questão que merece ser considerado.

Se um político fizer o mesmo em relação às diferentes propostas de algum opositor, em vez de abrir polêmica imediata, dará tempo a uma resposta prudente, ou pelo menos tratará com respeito o chamado "adversário". E todos os outros confiarão mais nas suas intervenções.

Se dois países se arriscam a entrar em guerra e pelo menos um deles propõe um encontro ou diálogo para discutir o desacordo, haverá menos violências. Para isto é fundamental não brandir certezas absolutas, mas tentar compreender as queixas ou reivindicações da outra parte. Virá depois a guerra, possivelmente; mas fez-se o que foi possível por evitá-la.

O direito à indignação existe, mas como forma de protesto, e não como apelo à violência. Esta pode ser perfeitamente justa, mas, se não tentamos antes reconhecer alguma "estupidez" própria e alheia, não lutaremos pela justiça, e sim contra os nossos semelhantes.

O mesmo se diga na ordem cultural, científica, religiosa, artística, desportiva...

Bem, quanto à desportiva, houve quem dissesse — e talvez com razão — que é a única coisa em que se pode ser "irracional". É "cá uma paixão"! Chama-se a isso bom humor, outro bom efeito da consciência da estupidez humana. De fato, se não sabemos relativizar a importância dos problemas, nem rir de nós mesmos, não temos cura.

E tudo o aqui considerado também se poderia resumir numa expressão muito comum: boa educação. A pessoa bem-educada é aquela com quem podemos conversar à vontade e com serenidade, por mais diferentes que sejam das nossas as suas posições.

EPÍLOGO

Não esqueçamos, porém, que o perdão divino tem uma condição: que perdoemos ao próximo. No Pai-nosso já o presumimos: "Perdoai-nos as nossas ofensas, assim como nós perdoamos a quem nos tem ofendido."

É assaz lógica esta condição de Nosso Senhor, mas não fácil, como a experiência nos dita. Compreendemos que Deus nos perdoe, tão grande é o seu amor e tão frágil o homem... Mas a nossa falta de senso leva-nos a considerar intolerável, não só que nos ofendam, mas até uma simples "falta de consideração", e inclusive a divergência de opiniões. Ou por velhos agravos familiares ou regionais: se não foste tu, foi o teu pai!

Isto passou-se num tribunal do norte: uma testemunha de acusação, interrogado pelo juiz sobre o conceito que fazia do acusado, encolhendo os ombros, só retorquiu: "Ó senhor juiz! Ele é de Portugal!" Estava tudo dito.

Parece-nos ridículo? Pois examinemo-nos. Vejamos que adjetivos usamos ao falar de ausentes. Uma coisa é a liberdade de opinião sobre as suas atitudes e a consideração das suas ideias, e outra o desprezo. Como ousamos desprezar quem Deus tanto ama?

Talvez digamos:

— Eu bem queria perdoar, mas não consigo!

— Mas você quer se vingar?

— Não, não! De maneira nenhuma! Pelo contrário!

Então perdoe, apesar de manter o desgosto. Todos são irmãos nossos! Se não é possível negar o mal que fazem, nem corrigi-los (e oxalá reconheçamos nós as nossas faltas e aceitemos as correções que nos fazem!), repitamos a oração de Nosso Senhor na Cruz: "Pai, perdoa-lhes, porque não sabem o que fazem!"

Direção geral
Renata Ferlin Sugai

Direção editorial
Hugo Langone

Produção editorial
Juliana Amato
Gabriela Haeitmann
Ronaldo Vasconcelos
Daniel Araújo

Capa
Provazi Design

Diagramação
Sérgio Ramalho

ESTE LIVRO ACABOU DE SE IMPRIMIR
A 8 DE SETEMBRO DE 2023,
EM PAPEL OFFSET 90 g/m².